Para:

De:

Para meu filho,
com todo meu amor,
sempre.

EDITORAS

Diretora de projeto editorial: Lidia María Riba
Diretora de projeto gráfico: Trini Vergara
Direção de arte: Paula Fernández
Direção editorial: María Nazareth Alves
Editora: Luciana Salgado
Editora assistente: Marcia Alves
Design e ilustrações: Tomás Caramella
Diagramação: Pamella Destefi
Tradução: Sandra Martha Dolinsky

Título original: *I am a mother of sons*

www.vreditoras.com.br

Rua Capital Federal, 263 – CEP 01259-010
Bairro Sumaré – São Paulo – SP • Tel./Fax: (55 11) 4612-2866
editoras@vreditoras.com.br

ISBN: 978-85-7683-326-0

Impresso na China • Printed in China

Dados Internacionais de Catalogação na Publicação (CIP)
(Câmara Brasileira do Livro, SP, Brasil)

Ferrer, Jayne Jaudon
Um presente para meu filho / Jayne Jaudon Ferrer ; [tradução Sandra Martha Dolinsky]. - - 2. ed. - - Cotia, SP: Vergara & Riba Editoras, 2011.

Título original: I am a mother of sons
ISBN 978-85-7683-326-0

1. Adolescentes (Meninos) - Relações familiares 2. Mães e filhos I. Título.

11-06840 CDD-818

Índices para catálogo sistemático:
1. Mensagens de mães para filhos: Máximas: Literatura norte-americana 818

Um presente para meu filho

Jayne Jaudon Ferrer

V&R
EDITORAS

Sou mãe de um menino

Sou orgulhosa por ser mãe de um menino.
Minha história com certeza se parece
à de muitas mães de meninos,
pois acredito que todas nós compartilhamos
um laço muito especial de agonia e êxtase.
Por acaso, quem tem filhas conhece o
prazer de ganhar de presente tratores ou sapos?

As mães de meninos foram abençoadas
com muitas coisas, mas uma casa tranquila
não está entre elas. Nossos filhos
requerem de nós doses únicas de paciência,
energia e imaginação.
Em troca, eles nos entregam
seu entusiasmo incansável,
um lugar insubstituível
em seu coração e seu amor
para a vida toda.

Este livro foi escrito como um presente para você, meu filho,
e como uma forma de agradecer tudo isso,
pois no meio da turbulência de sua vida – os gritos,
as gargalhadas, a série ininterrupta
de jogos de bola – nem sempre é muito fácil
encontrar um momento para lhe dizer o quanto o amo.

Também é dedicado a cada um dos nossos filhos meninos.
Porque esses casos e sonhos lhes falarão do orgulho
e do significado tão especial que deram a nossa vida.

Os meninos são muito melhores
que as meninas, porque podem
brigar, dançar genial e arrotar.

J., aos cinco anos

Encontro à meia-noite

Quantas vezes, no silêncio da noite,
de repente eu o ouvia. Sua respiração agitada,
seguida de suspiros impacientes.
Finalmente, chegava a mim seu poderoso rugido. "Ahhhhh!"
Meio adormecida, eu me arrastava de minha deliciosa cama
para acalmar seus gritos furiosos que rasgavam a noite.
E naquela poltrona especial que foi nossa
desde o começo, bem agasalhado
com uma manta feita à mão, eu o abraçava.
Ainda agitado por algum soluço,
você se agarrava a mim como um
bichinho perdido e resgatado.
Abraçando-o, eu era todas as mães,
a mãe que sabe tudo, a imagem da mãe
que dá e perdoa tudo.

Ao sentir seu hálito suave perto de meu pescoço,
com um beijo,
um abraço, um sorriso,
desaparecia o último resíduo de irritação
pelo sono interrompido.
O sono havia vencido a você e o amor a mim.
Como da primeira vez.
Claro, você não se lembra desses doces momentos
compartilhados à meia-noite.
Eu não os esquecerei jamais.

Sim, os meninos são diferentes

Não há cor de rosa na casa de meninos.
Só um arco-íris de vermelhos, amarelos e azuis
quando as peças dos jogos se propagam
pelos tapetes como erva daninha.
Gritos de guerra.
Uivos de combate.
Sonoras gargalhadas.
Arrotos colossais.
O silêncio, quando vem, fica apenas o tempo necessário
para manter as aparências.
A testosterona ferve, nota-se na alegria
e nas reclamações.

Primeiro eu!
Mande ele!
Por que eu?!
Mamãe, quer que eu conte uma piada?
Ganhamos, mamãe, ganhamos!

Suas palavras se ouvem em casa a todo volume
e a duzentos quilômetros por hora porque você sempre
quer ter certeza de que serão as primeiras
a chegar aos meus ouvidos.
E aos de Deus.

Desde o primeiro dia

Desde que eu soube que você vinha ao mundo, filho,
senti que protegeria alguém que, por sua vez,
me encheria de força.
Eu o imaginava grande e forte,
um homenzinho cheio de energia.
Desde o primeiro dia, você encheu minha vida
de projetos e esperanças.
Muitos foram se realizando:
ensiná-lo a falar, vê-lo rir, jogar bola...

Você é meu sol e minha esperança nos momentos difíceis...
Espero ser seu apoio incondicional
e quero dividir com você muitas coisas importantes:
o amor aos livros, à música, à arte e à culinária.
Mas, principalmente, espero ensiná-lo
a ter um coração grande e generoso.

Seu Mundo Meu Mundo

Em seus olhos, filho, que se parecem tanto aos meus,
vejo a mim mesma.
Você é o melhor presente que Deus me deu.
Às vezes, você parece o jovem Dom Quixote,
defensor de causas perdidas.
Sempre alerta ao que os outros
sentem ou necessitam.

Nunca deixe de me dar
esses imensos abraços de urso brincalhão.

Em outros momentos, introvertido,
você guarda seus segredos bem lá dentro...
só esperando que eu os vá buscar.

Empreendedor, mas mais frágil por dentro
do que todos pensam, sempre quer,
filho querido, vencer a todo custo.
Como um duende noturno, você continua em atividade
muito depois de o resto de nós se esgotar ou adormecer.
Essa covinha irresistível, essa chama em seus olhos,
são parte da magia que o fará audaz e invencível?
Quando, absorto em seu incessante prazer de viver,
você sorri para mim e me estende os braços,
parece que perdi os livros de educar e perdoo tudo.
Você é um anjo que enche minha alma de ternura.
Já sei! Enviaram-no à Terra
quando as hostes dos céus já não o podiam carregar.
Para testar minha paciência e roubar meu coração.

– Não gosto de ver você mexer assim essa pá, filho.
– Então feche os olhos, pai!

S., aos três anos

Pelo menos hoje, meu filho

Pelo menos hoje, de manhã sorrirei quando vir seu rosto
e não começarei o dia com advertências.

Pelo menos hoje, de manhã eu o deixarei escolher a roupa
e só hoje não trabalharei para poder levá-lo ao parque.

Pelo menos hoje, na hora do almoço não lavarei a louça
e lhe pedirei que brinque comigo com seu jogo favorito.

Pelo menos hoje, à tarde deixarei de lado meu celular
e desligarei o computador para poder me sentar
ao seu lado e ler uma historinha.

Pelo menos esta tarde, não me preocuparei com o que você será quando crescer e pensarei de novo em todas as decisões que já tomei por você.

Pelo menos esta tarde, eu o estreitarei em meus braços e lhe contarei uma história de quando você nasceu. E lhe direi que o amo muito.

Pelo menos esta noite, eu o deixarei espirrar água durante o banho e não reclamarei.

Pelo menos esta noite, deixarei que fique acordado até tarde, enquanto nos sentamos para contar as estrelas.

Pelo menos esta noite, ao orar,
simplesmente darei graças a Deus
pelo maior presente que ganhei.

Pensarei nas mães e nos pais que talvez estejam procurando
seus filhos perdidos, e nos que cuidam dos que estão doentes.
E quando lhe der um beijo de boa noite,
eu o abraçarei um pouco mais forte e por mais tempo.
Assim, agradecerei a Deus por você e não Lhe pedirei nada,
exceto mais um dia.

Qualquer manhã
Todas as manhãs

Meu Deus! Já passam das sete!
Levante rápido, filho!
Como assim, esqueceu de fazer a lição de casa?
Como assim, não tem cueca limpa!
Não sei, agora estou no banho!
Maravilha: não encontro uma única toalha.
Precisava delas para fazer uma barraca?!
Bem, não importa.
Ainda não se vestiu?
Acabe o café da manhã, vamos nos atrasar.
Tem de pagar hoje?!
Nem um par de meias decente!
Não ligue a tevê agora!
Não, não pode levar isso à escola.
Isso é uma fantasia!
Arrume essa bagunça!
Não sei!!! Eu não uso isso!!
Quem vai levar o cachorro para passear?

Ah, que bom: estou quase sem gasolina.

Coloque o cinto de segurança.

Por favor, não cante gritando, estou ficando maluca.

Abaixe o volume do rádio.

Nossa, incrível! Chegamos bem na hora!

Tchau, filho querido, um beijo.

Te amo demais!

Perspectiva

Você corre pelo corredor. Não lhe dou bronca,
e ouço um terrível barulho de vidros quebrados. Fora de mim,
digo palavras duríssimas e aponto o caminho do castigo.
Mais tarde, meu coração vai se partir
quando – tão triste – você me perguntar:
"Mamãe, eu sou mau?"
Como me arrependo de ter sido tão severa!
Como sofro pela dor que lhe causei!

Você é meu desafio: leva-me todos os dias
ao limite da tolerância e me traz de volta, depois,
a um mundo de infinita ternura.
Executa as façanhas mais absurdas
com esse simples, irresistível prazer de viver
que transpira por seu doce e suado poro.
Não, meu filho, não você é mau.
Você é extenuantemente maravilhoso.

O clube dos pais de meninos

Sabemos quem somos.
Nosso clube é como uma dessas antigas fraternidades
cujos ritos de identificação incluem complicadas formas
de se apertar as mãos e misteriosos grunhidos primitivos.
Em qualquer restaurante de fast food,
claro, tendem a ser uma série
de gritos curtos, repetidos várias vezes:
"Sente-se!"
"Dê isso aqui!"
"Não corra!"
"Cuidado!"
As pessoas que não pertencem ao clube
nos olham com ar desdenhoso ou com desgosto.
Mas muitos membros desse clube sorriem.

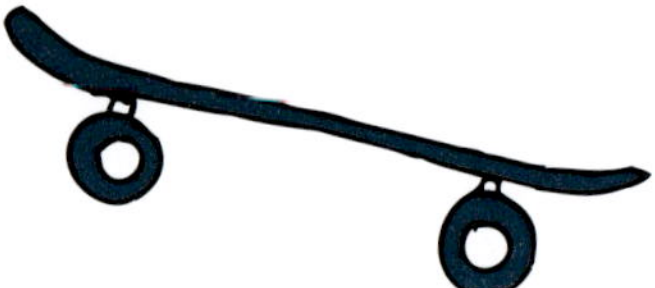

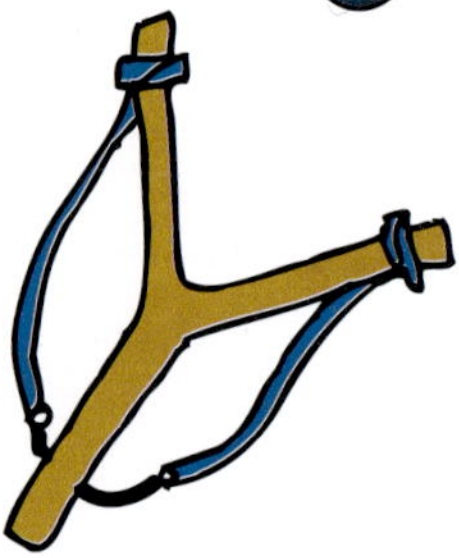

No início, só um pouco. Depois mais, à medida
que se identificam e simpatizam conosco.
Depois riem abertamente, olhando para nós com franqueza.
Porque reconheceram as frases familiares
e suas conhecidíssimas respostas.
"Garotos não são fáceis, não é?", dizem seus olhares.

Checagem

Será que lhe ensinei tudo que devia, filho?
Entre trabalhar e cuidar das coisas em casa,
entre correr de um compromisso a um jogo de futebol,
da escola ao dentista, entre lhe ensinar bons modos e
princípios, será que me lembrei de lhe falar de amor?

Falei de ouvir, de abraçar e de ajudar,
e de sempre levantar o assento do vaso sanitário?
Enquanto o levava de uma aula a outra, às festas
e aos jogos, quando curava suas feridas ou velava sua febre,
encontrei tempo para lhe falar da vida?
De filosofia, ética e arte,
e de lembrar o aniversário daqueles que você ama?

Tantas coisas!
Queria que você aprendesse idiomas, que crescesse forte,
que cumprisse seu dever...
Mas será que lhe ensinei a curtir também
o milagre da vida?
Queria ter lhe ensinado tudo...
Venha, então; sente-se, dê-me sua mão.
Mesmo que você reclame, vamos repassar tudo juntos...

Mamãe, eu te amo 67,50.
Isso é muito, não é?
J., aos quatro anos

Uma tarde de irmãos ou amigos

Ele me bateu!
Ele me empurrou primeiro!
Eu estava com a bola!
Esses patins são meus!
Mamãe!
Eu estou contando!
Idiota!
Ele não quer me emprestar!
É minha vez!
Mamãe, não é justo!
Ele me xingou!
Não tenho que fazer isso!
Está sujando tudo!
Você vai ver!

Mamãe! Mamãe!
Idiota é você!
Eu também posso!
Não brinco mais!
Mamãe, estamos entediados!
Já podemos sair?
Vamos brincar lá fora.
Sim, prometo. Prometo!
Obrigado, mamãe!

Não me bata!
Você me empurrou!
Isso é meu!
Eu peguei primeiro!

Mamãe, ele me empurrou!
Vou contar pra ela!
Você é um idiota!
...

Ninguém os entende

Sim, parecem todos iguais.
Mas são diferentes do resto do mundo.
Bonés que não tiram nunca,
de lado ou ao contrário.
O cabelo hoje escuro, amanhã louro; ou ambos.
Comprido e preso. Ou curtíssimo só dos lados.
Os tênis – pretos, claro – com os cadarços soltos,
como se deve, parecendo grandes canoas malcheirosas.
Calças muito compridas, bem rasgadas
e muito amassadas e caídas.
Na roupa, imagens que poderiam fazer parte
dos pesadelos mais assustadores de qualquer um.
Exceto deles mesmos.
É até difícil reconhecê-los. São diferentes?
Claro: são nossos filhos adolescentes.

Todas as mães fazem listas

Se eu pudesse fazer uma lista
com todas as formas de fazer sua vida mais feliz,
eu diria:

- ande com as costas eretas
- coma maçãs
- leia livros
- curta os amanheceres
- dê flores a suas amigas
- às vezes também a mim
- mostre-se como você é
- brinque com cachorros
- escale montanhas
- ouça música
- cultive suas amizades
- compartilhe o riso e o pranto
- deslize pela neve
- sorria

- cante
- respire fundo
- fale com Deus
- seja paciente
- ignore os tolos
- contemple as nuvens
- chore sem vergonha
- ria às gargalhadas
- diga sempre a verdade
- divida o que sabe
- pergunte sem medo
- planeje passeios
- agradeça
- guarde recordações

e principalmente, filho,

ame muito.

Perguntas do coração

Você quer que lhe explique como são as mulheres.
As jovens. E as louras em especial.
Bem, eu não sou loura, mas já fui jovem...
Como lhe dizer que alguma delas
pode partir seu coração?
Como lhe dizer "Tenha cuidado" sem que pareça
que estou falando como... bem, como uma mãe?
Como lhe contar que haverá outras louras
(e provavelmente também uma morena, ou duas)
antes que **ELA** apareça;
aquela que conquistará seu amor por completo?
Que não se apresse,
que se prepare enquanto isso...
Essa garota não sabe
que você é meu tesouro mais valioso?

Mas eu disfarço, sorrio
e o estimulo a me falar mais sobre ela...

Gols e Poemas

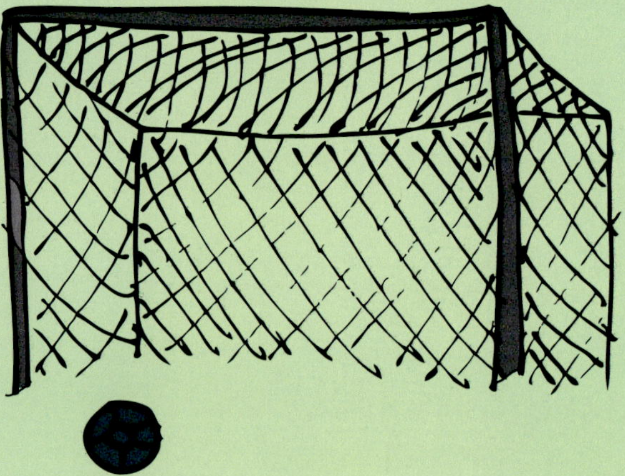

Seu jeito de olhar cada flor, cada nuvem;
suas pálpebras semicerradas
por causa do brilho da manhã,
enquanto acompanhava o voo de uma borboleta;
sua mão estendida, que queria pegar o vento.
Quando você era pequeno,
tudo me fazia ver sua vocação de poeta.
Acredite, não foi meu amor pelos livros
que me levou a pensar nessa possibilidade,
e sim sua atitude perante a vida.

Hoje, quando o vejo exibir
seu talento em uma quadra,
sinto que não estava enganada...
Correr atrás de um sonho até
transformá-lo em realidade;
escolher livremente o que o faz feliz;
sentir a paixão em cada gol,
em cada jogo ganho;
tentar chegar mais alto,
aperfeiçoando o voo até atingir seu objetivo...
são todos elementos necessários para fazer poesia.
A forma de se expressar é o que muda:
uns buscam palavras precisas, certeiras,
que transmitam emoção;
você, porém, escolhe o jogo audaz,
tão parecido com a dança;
inteligente, coloca a bola no lugar certo,
põe seu coração em cada gol.
Por isso, quando o vejo celebrar, penso:
Meu filho, esse gol foi um poema.

Se eu tivesse de partir

Se meu tempo na Terra terminasse amanhã, pediria, talvez, um instante a mais para tornar a rir com suas loucuras. Para ajudá-lo com o nó da gravata no dia de seu primeiro baile.

Para aplaudir orgulhosa em um campeonato.
Para abraçá-lo muito forte
quando o elegerem o melhor companheiro.

Sim, só um momento para brigar menos
com você e beijá-lo mais.
Mas, se mesmo assim tivesse que partir,
iria satisfeita,
porque pude conhecer seu coração
e seu espírito.

E que felicidade isso me deu!
Ver o mundo por meio de seu olhar,
e ver como você aprendia a ser homem.
Você me ensinou o que é a coragem
(mesmo tendo medo),
o riso, o entusiasmo, a paixão,
os sonhos, a curiosidade, a sabedoria...

E embora fique desesperada por saber
que caminho você vai escolher, sinto uma alegria imensa
por ter feito uma parte da viagem com você.

A vida em imagens

Calças e tênis,
buracos e remendos,
impecável roupa de aniversário,
beijos e risadinhas,
lençóis molhados e movimentos bruscos,
monstros e aventuras,
subir nas mesas,
bolas, bicicletas,
irritar os bichinhos de estimação,
brigas e sangre,
pistolas, fortes e paus,

abracadabra!, truques de magia,
videogames e esportes,
corridas e aviões,
palavrões e fanfarronices,
irritar os irmãos,
espinhas e cremes de barbear,
as chaves do carro e meu medo,
sair à noite e dormir de dia,
aulas, formatura,
amigas e namoradas,
dinheiro e emprego, temas de adultos...

Deus, como o tempo passou!
Meu menino foi embora...

Um beijo à noite

Você não quer, eu sei, mas fiz isso por muitos anos.
Assim, aproveitando-me de seu sono profundo, beijo sua fronte,
afasto seu cabelo desgrenhado e sussurro em seu ouvido:
"Te amo. Sou muito feliz por você ser meu filho".

Desde essas primeiras noites em que eu entrava devagar
em seu quarto, prendendo a respiração para ouvir a sua,
até as noites em que o olhava dormir exausto,
primeiro, de tanto brincar, mais tarde, de tanto andar...

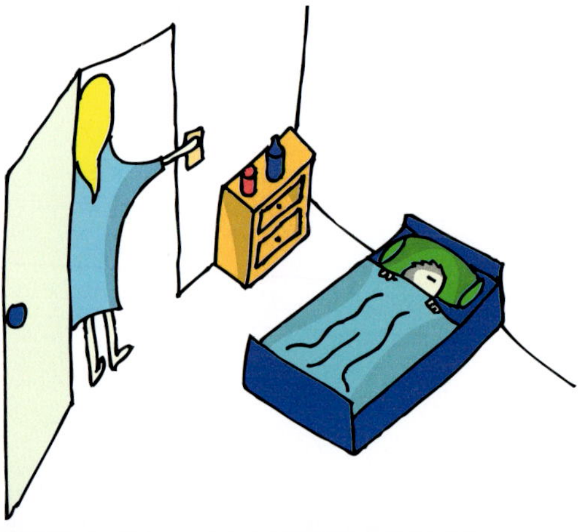

Agora você dorme assim, esparramado e alto...
seu corpo forte e magro, quase corpo de um homem,
de rosto doce, suave do meu menino.
Antes do que eu gostaria,
você deixará o ninho e voará para seu próprio céu.
Antes do que eu gostaria,
outra vai beijá-lo à noite.

Então, pelo menos desta vez, volto, inclino-me
e o beijo duas vezes.

Sobre a autora

Jayne Jaudon Ferrer é escritora, poeta, jornalista e mãe.
Nascida em Wau Wauchula, Flórida, hoje mora em Greeville (Carolina do Sul) com seus três filhos homens e seu marido.
Seu primeiro livro, *A New Mothers Prayers*, reuniu poemas e vendeu 50 mil cópias.
À medida que seus filhos chegavam, foi se interessando cada vez mais por diversos temas relacionados à criação e à vida familiar.
É autora de *Dancing with my daughter* e *She of the Rib*.
Suas palavras acompanham – com a fé e o humor característicos – mulheres de todos os lugares, que percorrem o caminho da maternidade.
Neste caso, toda mãe de um menino se sentirá identificada com as experiências e emoções refletidas neste livro.